Todos juntos

**por Susan Hood
ilustrado por Cecile Schoberle**

Scott Foresman

Oficinas editoriales: Glenview, Illinois • New York, New York
Ventas: Reading, Massachusetts • Duluth, Georgia
Glenview, Illinois • Carrollton, Texas • Menlo Park, California

Salimos a dar un paseo familiar. Desde el más grande al más pequeño. ¡Vamos todos juntos!

Aquí hay un venado.
También hay un pájaro.
¡Vamos todos juntos!

Todos nos mojamos.
¡Pero nos reímos mucho!

Todos nos abrazamos.
Y volvemos a comenzar.
¡Vamos todos juntos!

Hay insectos.
¡Muchos insectos!
No nos gustan
los insectos.

Encontramos una cueva.
Es muy grande y muy oscura.
¡Vamos todos juntos!

¿Qué hay en la cueva?
Todos miramos dentro.

Dentro vemos un murciélago.